AF253754

EXPOSITION

DES VRAIS PRINCIPES

DE

LA FOI CATHOLIQUE,

Dédiée aux jeunes Lévites du diocèse de Toulouse.

EXPOSITION

DES VRAIS PRINCIPES

DE

LA FOI CATHOLIQUE,

Sur la légitime souveraineté du Roi, et sur les devoirs du peuple envers le Monarque, diamétralement opposés aux faux principes révolutionnaires.

Par M. DU T****, ancien curé du diocèse de Comminges, réuni à celui de Toulouse.

Prix : 1 fr., et 1 fr. 25 c. par la poste.

TOULOUSE, Augustin MANAVIT, imprimeur du Roi, rue Saint-Rome.

1820.

Tout le peuple à genoux, dans ce jour salutaire,
Reconnaît son vrai Roi, son bienfaiteur, son père.

(Volt., Hen., ch. 10.)

A Monseigneur DE CLERMONT-TONNERRE , *Archevêque de Toulouse , Pair de France.*

Monseigneur,

CE *n'est pas pour fixer le moindre de vos regards paternels sur un ancien curé du diocèse de Comminges , aujourd'hui le vôtre , accablé déjà , par les rigueurs d'un long exil , sous le double fardeau des infirmités , et bientôt de l'âge , assez heureux de savoir s'en reconnaître indigne , mais trop heureux d'avoir entendu la voix du Ciel , qui ne nous appelle à cette retraite que pour nous dire que le doigt de Dieu est là :* Hìc est digitus Dei. *Puisque chaque membre de votre respectable clergé , imbibé de l'esprit antique , s'est aisément aperçu que ce concours admirable de circonstances miraculeuses dont je suis témoin , par la grâce de Dieu , ne peut être que le résultat de l'accomplissement de ses vœux ; où l'on voit enfin un saint pontife , un digne successeur des Saturnin , arriver , seulement accompagné de sa douceur , de sa modestie , de son clergé , s'asseoir , sans aucun repos des fatigues de son voyage , sur le siége de cette grande cité , pour introduire le peuple de Dieu dans la terre de*

bénédiction, pour l'éblouir, non comme les
Josué de l'interrègne, par le faux brillant
d'un bouclier militaire, mais comme saint
Jérôme, par le vif éclat de votre sagesse,
de votre profonde humilité et de vos exemples ; puis présider en personne cette auguste
assemblée, pour y répandre l'odeur de Jésus-
Christ, et nous faire goûter les douceurs de
la fuite du monde, dans cet heureux asile,
qui a toujours été le vôtre .... celui de la
vertu.

Permettez-moi, MONSEIGNEUR, de rompre
un instant ce religieux silence que vous nous
avez si solennellement recommandé par l'or-
gane de notre rare orateur, plus admirable
encore par ses vertus que par son éloquence
sublime, que vous avez chargé de nous dis-
tribuer le pain de la parole divine avec tant
de dignité, et de nous transmettre votre
volonté, mais de ne le rompre que dans les
instans du délassement honnête que votre
haute piété vient d'accorder à notre faiblesse,
pour publier au-dehors de cette heureuse enceinte les merveilles du Seigneur, et faire savoir
le plutôt possible, aux sentinelles d'Israël,
à qui nous avons confié la garde de notre
troupeau pendant notre absence, que nous
nous sommes enrichis de leur perte, en les
privant d'être les témoins oculaires du premier chef-d'œuvre de votre apostolat.

Mais que dirai-je à mes ouailles, de tout
ce que j'ai vu et entendu d'admirable dans
cette retraite, dans ce séminaire, qui s'élève
miraculeusement sur les ruines des anciens ?
Je leur dirai, que ce que je leur ai dit le
8 octobre, la veille de mon départ, n'est rien

(excepté en principe) et que j'ose cependant publier parce que verba volant, scripta manent, à coté de ce que j'ai vu et entendu de mes propres oreilles. J'ai vu un évêque de l'église primitive, un député du ciel jeter les premiers fondemens de la pureté de la foi. J'ai entendu la bouche d'or des Chrysologue, ce fameux missionnaire, cette tête forte, placé à notre tête, développer avec une merveilleuse clarté la profondeur des saints mystères ; j'ai vu un de ces hommes vraiment apostoliques qui, dans ces jours mauvais, a été si souvent l'objet des calomnies, des outrages pervers de la défunte Minerve. Que de grands hommes en un seul personnage ! Que d'illustres prédicateurs en un simple missionnaire du Midi de la France, quand il parle surtout de la dignité du sacerdoce !

Voilà, MONSEIGNEUR, ce que je publierai désormais et que le silence actuel m'impose pour ainsi dire le devoir de taire.

C'est donc du sein de cette agréable solitude, où nous jouissons avec tant de délices du bonheur de contempler de si près votre indulgence et la pureté de votre saine doctrine, que je ne crains plus, sous vos auspices, de publier mon manuscrit, approuvé par M. de Cambon et par M. de Latour-Landorthe, le 6 mars 1815, sur la légitime souveraineté du Roi. Fatale époque, à quels dangers, à quelle vive persécution ne fûmes-nous pas exposés alors, de la part des impies ?. Mais aujourd'hui que nous voyons enfin le juste, en vous voyant, MONSEIGNEUR, chargé de la part de Dieu, d'annoncer au peuple, encore égaré peut-être, les vrais principes de la foi *des* Bossuet, *des* Massillon, *sur la puissance royale. Environnons le trône de la force de l'Esprit-Saint qui nous anime, pour en être à jamais la colonne inébranlable.*

Mais comment me faire entendre, hors des limites de ma paroisse, et maintenant de cette enceinte, que par la voie de la presse que je charge de publier mes principes, dédiés aux jeunes lévites de votre diocèse, uniquement pour leur épargner la peine de faire des recherches dans les livres de l'Ecriture-Sainte et dans les Annales de nos pères dans la foi, sur une matière si importante, et pour leur fournir des armes pour combattre et anéantir nos ennemis, cette race de vipères si difficile à convaincre; c'est pour leur léguer le fruit de mes veilles sur la légitimité du monarque, à qui nous devons le bonheur de vous posséder. C'est encore un tribut particulier de reconnaissance que je paie à mon roi légitime, pour nous avoir donné, dans Votre Grandeur, un modèle accompli de toutes les vertus épiscopales; c'est aussi pour transmettre à la postérité l'époque à jamais mémorable où l'on a vu dans cette cité sainte, un si grand archevêque s'identi-fier dans le séminaire avec tous ses coopéra-teurs, et ne sortir de là que pour confondre l'impie ou le rendre inexcusable devant Dieu et devant les hommes. C'est avec ces sentimens que je suis, avec le plus profond respect,

MONSEIGNEUR,

DE VOTRE GRANDEUR,

Le très-humble et très-obéissant serviteur,

DU T****, *prêtre en retraite.*

DISCOURS D'UN CURÉ

A SES PAROISSIENS,
SUR LA LÉGITIMITÉ,

*En leur annonçant la naissance de S. A. R.
M.ᴳᴿ ʟᴇ Dᴜᴄ ᴅᴇ Bᴏʀᴅᴇᴀᴜx, ꜰɪʟs ᴅᴇ Fʀᴀɴᴄᴇ,
et la prochaine arrivée de M.ᵍʳ ᴅᴇ
Cʟᴇʀᴍᴏɴᴛ-Tᴏɴɴᴇʀʀᴇ, Archevéque de Toulouse ;*

Prononcé dans son église le 8 octobre 1820.

« Lux orta est justo, et rectis corde lætitia. »
La lumière s'est levée sur le juste, et la joie
dans ceux qui ont le cœur droit.

Dᴀᴠɪᴅ, *Ps.* 96, *v*, 11.

Mᴇssɪᴇᴜʀs,

Qᴜɪ de vous pourrait méconnaître la
main céleste qui, dans sa miséricorde, vient
de donner à la France l'unique rejeton de
cette tige illustre, qui ne doit servir qu'à
éterniser le règne des vertus royales, assises
depuis si long-temps sur le trône de saint
Louis, et que les vrais français appelaient
de tous leurs vœux, dès l'instant surtout
qu'un prince, digne fils de Henri IV et de

Louis-le-Grand, nous fut enlevé par un fer assassin ?

Mais qu'a pu la malice des hommes contre la protection du Ciel ? Un prince vient de naître, et tous les cœurs français se réjouissent : *Multi in nativitate ejus gaudebunt.*

Non, messieurs, non, il ne peut y avoir parmi nous que des cœurs desséchés par le vice, que des cœurs tarés ou pouris par l'injustice ; il ne peut y avoir que des esprits infectés et obscurcis par les vapeurs pestilentielles de l'anarchie et du désordre, qui s'élèvent peut-être encore du fond du jacobinisme, pour être insensibles ou indifférens à la nouvelle que nous vous avons déjà annoncée par le son des cloches de notre église.

Vous la savez donc, messieurs, c'est la naissance de Mgr le duc de Bordeaux, héritier présomptif des vertus héroïques de son père infortuné, et de la race de nos rois légitimes. C'est la naissance d'un prince demandé au Ciel avec tant d'ardeur par tous les bons français, par tous les amis de l'ordre, de la paix et de la tranquillité publique... C'est là que, par la vivacité de notre foi, nous avions fondé notre unique espérance ; et c'est de là que nous recevons aujourd'hui la nouvelle de vos vœux accomplis, que l'archange saint Michel nous a apportée le jour de sa fête.

Eh bien ! messieurs , puisque le Tout-Puissant a daigné nous accorder cet objet précieux de nos prières et de notre amour, rendons-lui de sincères actions de grâces , et remercions-le, tous tant que nous sommes ici présens, d'un bienfait si important: ne mettons point d'intervalle entre la vue d'une faveur si signalée de notre Dieu , et notre juste reconnaissance : partageons la joie délicieuse qu'a dû ressentir notre bon roi, notre auguste père , si nous sommes dignes d'être appelés ses enfans, à la nouvelle de la naissance de ce prince , dans lequel il se voit renaître pour le bonheur des français : *Multi in nativitate ejus gaudebunt.*

Réjouissons-nous, messieurs ; réjouissons-nous encore avec toute l'église gallicane, de la naissance d'un prince que la Providence destine sans doute à être décoré un jour du plus beau de ses titres , du titre auguste de fils aîné de l'Eglise ; de notre Eglise , qui a été si persécutée , et si outragée dans ses ministres et dans son culte , par l'impiété brutale des tyrans usurpateurs du trône de nos rois, de nos rois très-chrétiens, toujours formés à l'école de la raison éternelle, et tous éclairés de sa pure lumière.

Eh, grand Dieu ! ne faites-vous pas couler encore aujourd'hui dans nos cœurs ingrats un torrent rapide de grâces et de miséricorde, en bénissant cette terre, *bene-dixisti Domine terram istam*, par la présence d'un pontife qui ne sut jamais composer avec l'erreur, et qui possède toutes les vertus propres à faire germer la foi dans le sein d'un vaste diocèse où régnerait certainement l'empire des sens, si son zèle, soutenu de votre grâce, o mon Dieu, ne tendait à réunir tous les esprits et tous les cœurs, en un seul esprit et un seul cœur, qu'il a déjà enchaînés, par sa lettre pastorale, aux pieds de l'autel et du trône légitime, par les liens de la charité. De la charité, cette reine des vertus, depuis si long-temps détrônée dans cette terre maudite, depuis pour ainsi dire qu'elle fut arrosée du sang innocent, qui a presque toujours coulé dans l'interrègne des Bourbons.

Aussi ne saura-t-on plus apercevoir bientôt dans l'enceinte de sa juridiction épiscopale, que des chrétiens bienfaisans et des âmes pieuses, qui, dans un calme sublime, vont se repaître de la vraie lumière que leur communiquera sans cesse ce bon pasteur si digne de l'être.... Si digne de l'être, puisque nous voyons enfin reparaître sur l'horizon de notre bonheur, les lumières, les talens et les vertus épiscopales des d'Osmon, et des Fontanges, dans ce prélat leur auguste successeur, plus illustre encore par sa modestie et ses vertus personnelles, que par la beauté de son nom, et que nous recevons, après tant de soupirs vers le Ciel, de la main libérale et magnifique de notre pieux monarque.

Mais, messieurs, pour vous faire apprécier les objets de notre allégresse, la naissance d'un prince français, et l'arrivée de Mgr l'archevêque, qui comble nos désirs et nos vœux, je saisis cette circonstance, ce premier instant de bonheur, pour exposer aux yeux de tous les fidèles les vrais principes de la foi catholique, sur la légitime souveraineté du roi, et sur les devoirs du peuple français envers le monarque. Je vais donc remplir ce devoir sacré de mon ministère, ce besoin de mon cœur, qui me presse de vous faire entendre la vérité, depuis si long-temps étouffée sous le poids du mensonge, avec d'autant plus d'empressement, que le premier ministre de Dieu, notre pieux pontife, nous ordonne de vous faire connaître les vrais principes de la foi des Bossuet, des Massillon, des Bourdaloue.

La liberté de parler le langage de nos pères dans la foi, et de l'écrire, enchaînée aux pieds des tyrans qui eurent l'audace de s'asseoir sur le trône de saint Louis, n'a point permis aux ministres de l'évangile, pendant cette fatale époque, d'éclairer les peuples sur ce point essentiel de notre sainte religion. Je me suis tu comme le prophète, sur les choses les plus utiles et les plus loua- bles, *silui à bonis*, lorsqu'il m'a paru inutile ou dangereux d'en parler.

Maintenant que nous sommes vraiment libres, quoi qu'en disent des contradicteurs ennemis de cette doctrine descendue du Ciel, toujours animés contre elle, par pré- jugé, par passion, par intérêt (car l'homme n'est jamais méchant que par intérêt.)

Oui, messieurs, maintenant que nous sommes libres, je dois vous instruire de vos devoirs envers le souverain, dont la sou- veraineté était inconnue à la plupart de vous, qui n'aviez pas atteint encore l'âge de raison, ou qui étiez au berceau quand Louis XVI fut immolé.

Eh! comment auriez-vous pu connaître les vertus de ce monarque infortuné, et vous faire quelque idée d'un gouvernement paternel, puisque aux yeux des agens de la tyrannie, c'était un crime d'en parler?

Prêtez une oreille attentive à ce discours, vous surtout jeunes gens, et souvenez-vous que ce qui vous a si long-temps livrés à l'a- narchie, puis au despotisme, c'est que vous avez eu avec la multitude, les idées les plus fausses sur la souveraineté du Roi. Ne par- tagez point l'opinion de ceux qui n'aiment

pas à entendre parler des forfaits inouïs en-
fantés par la révolution. Ils voudraient, je
le sais, qu'elle et son légataire universel
fussent ensevelis dans l'oubli le plus profond.
Mais leurs argumens sont plus spécieux que
solides, « et comme la bouche véritable,
» dit le sage, sera toujours ferme, je ne
» crains pas de vous dire, avec Salomon,
» que celui qui aime la correction, aime la
» science; mais que celui qui hait les répri-
» mandes, est un insensé; que celui qui
» met sa confiance en ses propres pensées,
» agit en impie; que l'homme sera connu
» par sa doctrine; que celui qui est vain et
» n'a pas de sens, tombera dans le mépris;
» que les pensées des méchans sont pleines
» de malice, et que leurs paroles dressent
» des embuches pour verser le sang; enfin
» que la racine des justes sera inébranlable. » Prov., ch.
Jeunes gens, ce n'est qu'en opposant au 12.
crime, la vertu; la justice, à l'injustice; la
foi, à l'incrédulité; et la religion, à l'irréligion, que vous goûterez le bonheur de
l'heureuse révolution qui a terminé toutes
les autres.

Ce n'est pas, messieurs, pour vous faire
ramper en esclaves devant une vaine opinion,
que je viens semer dans vos cœurs les merveilles de Dieu sur la dynastie des Bourbons,
et vous faire reconnaître, avec le prophète,

que le cœur de votre Roi est dans la main du Seigneur : *Regis cor in manu Domini*; puisque pour ranimer la foi de vos sermens de fidélité à cette auguste race , presqu'éteinte dans les uns et mourante dans les autres , je ne veux consulter que votre intérêt spirituel , et temporel surtout ; je ne veux puiser les preuves de mon assertion que dans le parallèle des divers gouvernemens que le ciel dans sa colère , ou dans sa miséricorde , a donné à la France ; je ne veux enfin employer d'autre langage que celui de l'Ecriture sainte, de nos pères dans la foi , et la fatale inondation de ce déluge d'erreurs et de crimes que nous avons éprouvée pendant l'interrègne des Bourbons ; de ce petit-fils d'Henri IV , qui , rentrant après vingt-trois ans dans la capitale de ses états , envahie par des armées formidables , ne put opposer aux prétentions des vainqueurs , et même des vaincus , que ses malheurs , sa naissance et l'amour de son peuple fidèle.

Prov. ch. 12 , v. 1.

Et pour vous faire apprécier l'objet de notre allégresse , la naissance d'un prince , qui doit fixer à jamais vos incertitudes civiles , je saisis cette heureuse circonstance pour exposer à vos yeux les vrais principes de la foi catholique , sur la légitime souveraineté de notre monarque rendu à son antique héritage , et qui , dans sa bonté paternelle , a

posé lui-même les bornes de sa puissance.
(Première partie.)

J'essaierai ensuite de graver dans vos cœurs en caractères ineffaçables, vos obligations et vos devoirs envers ce souverain légitime.
(Seconde partie.)

C'est toute l'idée de ce discours, qui doit vous convaincre que notre sainte religion est la plus propre à maintenir parmi nous l'union, l'intelligence, la paix, et la seule capable de faire votre bonheur dans le temps et dans l'éternité.

Mais l'hommage que je dois à la vérité, m'obligera peut-être malgré moi à m'appesantir sur vos excès publics, sur vos anciennes révoltes, vos méchancetés, et vos trahisons; calamités d'autant plus déplorables qu'elles ont enveloppé la ruine de la religion, la perte inévitable de la foi, et celle de vos âmes : mais malheur à nous, pasteurs, si nous négligions de vous conduire dans les meilleurs pâturages; malheur à nous, si lorsque nous devons vous guider dans les sentiers de la vérité, de la justice, et vous inspirer le respect dû au prince que l'apôtre S. Pierre nous recommande avec tant de soin dans sa première épître, nous vous détournions du droit chemin en vous laissant avaler, par un silence coupable, par une dissimulation vénimeuse, le venin d'une morale antichrétienne.

Esprit saint, qui dirigez la langue des orateurs sacrés, éclairez les cœurs de ces fidèles : donnez à mes paroles la force de déraciner les erreurs religieuses et politiques qui avaient plongé ce peuple infortuné dans un abîme de malheurs, et de dissiper les ténèbres du mensonge depuis si long-temps répandues sur ce vaste royaume qui vous fut toujours cher, o mon Dieu! pendant qu'il fut jaloux de vos autels et de votre culte : d'un royaume où une multitude de prévaricateurs, non contens d'avoir jeté un peuple entier dans la consternation par les ravages, les incendies, le sang et la mort, voulut encore l'anéantissement de notre sainte religion, et la perte des peuples qui restèrent fidèles à ses lois.

Eh! quelle autre main que la vôtre, grand Dieu! a pu nous arracher de cette mer profonde d'aveuglement et de crime! Quelle autre main que la vôtre, a pu conduire ce digne fils de saint Louis, qui nous gouverne, à l'execution de vos desseins : environné de vos plus ardens ennemis, des destructeurs de votre église et de votre gloire, on le voit marcher au milieu d'eux, sans jamais se ralentir, tantôt réprimer leurs violences, par la fermeté de son courage, tantôt déconcerter les embûches qu'ils tendent à son innocence, par son imperturbable prudence, et enfin relever les débris de vos autels pour en être le vrai restaurateur. « Otez, dit le » sage, ôtez l'impiété de devant le roi, et » son trône s'affermira par la justice. » Prov. 25,5.

Nous avons beau vous résister, o mon Dieu ! vos desseins ne s'accomplissent pas moins, et cette résistance qui nous perd, parce que nous le voulons bien, n'empêche ni ne retarde l'exécution de ce que vous avez projeté dans les conseils de votre sagesse éternelle.

PREMIÈRE PARTIE.

Pendant que la loi évangélique régnait parmi vous dans toute sa pureté, et que l'amour de l'ordre et de la justice occupait vos cœurs pour les garder et les défendre, le trône était assis sur des bases solides, et dans le sein de cette paix profonde qui en émanait, vous remplissiez vos devoirs envers Dieu, envers le souverain qui dans l'ordre politique le représente sur la terre, envers vous-même : pour lors il était inutile de faire retentir dans la chaire de vérité, cette vérité importante que l'Esprit Saint a consigné dans l'écriture, comme un devoir et un précepte qui vous oblige d'honorer votre roi : *Regem honorificate.*

Mais puisque les temps sont changés, et

qu'on vous a vus substituer aux devoirs des vrais chrétiens , une liberté perfide , une égalité chimérique , qui ont enfanté le trouble, le désordre, l'abomination, le scandale : puisque l'étendard de l'impiété levé contre Dieu, ainsi que celui de la révolte contre le meilleur des rois, ont flotté sur vos têtes coupables : puisque le poison flatteur des fausses opinions s'est glissé dans vos veines et a penetré jusqu'à la moele de vos os, il me paraît nécessaire de retracer à vos yeux l'obligation indispensable où vous êtes tous d'obéir au légitime héritier du trône de saint Louis; il me paraît utile de détruire en même temps les faux raisonnemens des philosophes de nos jours sur la souveraineté des rois, qui ne sont que des cris et des abois de l'âme insensée que ses passions aveuglent et confondent.

Oui, messieurs, la vertu ne peut être conservée sans les saines opinions, et les saines opinions ne se trouvent que dans les fastes de l'écriture sainte. Allons donc, chrétiens, allons puiser dans cette source sacrée les moyens d'anéantir ces principes destructeurs de tout ordre social, qu'une ligue d'incrédules, usurpatrice de l'autorité légitime, a voulu faire germer dans votre sein, en cachant ses sentimens corrompus par un profond artifice, et qui au lieu d'honorer son roi, s'est rendue odieuse à toutes les nations, soit par sa conduite dépravée, soit en trempant ses mains sacriléges dans le sang de l'oint du Seigneur.

Quel funeste exemple pour les rois ! mais aussi quel funeste châtiment pour les peuples ! Voulez-vous, messieurs, les éviter ces châtimens réservés aux perturbateurs de l'ordre et de la tranquillité publique, honorez votre roi : *Regem honorificate*; et suivez le chemin que le doigt de Dieu vous a tracé dans son évangile : rendez à César ce qui appartient à César, et à Dieu ce qui appartient à Dieu : *Reddite ergo quæ sunt Cæsaris, Cæsari, et quæ sunt Dei, Deo.*

D'où il suit que vous devez honorer votre roi, parce qu'il tient sa puissance de Dieu seul : *Per me reges regnant.*

Puisqu'au lieu d'un gouvernement solide et permanent, fondé sur les bases indestructibles de l'humanité et de la justice qui donnait la paix à l'Europe, et à la France la félicité, on a vu, messieurs, s'élever une république d'incrédules qui a anéanti toute constitution, dépouillé le trône de ses droits, les états de leurs priviléges, les propriétaires de leurs biens, le peuple et les familles de leur tranquillité, les pauvres de tout moyen de subsistance; en un mot, qui a étouffé les principes de la religion dans presque tous les cœurs : encore que cet empire tyrannique ne soit plus , que le ciel en ait enfin délivré la terre , et que son règne qui n'était autre que celui de l'injustice , du parjure , de la fraude , de la violence , du meurtre , du carnage , du trouble , de l'horreur , de la consternation , de la cruelle faim , et du désespoir ait passé. C'est ce règne impie et sacrilége qu'il faut combattre aujourd'hui, dans ses principes, dans la crainte où je suis qu'il ne se trouve parmi vous certains complices de ces crimes, qui ne devraient attendre que leur supplice éternel, et à qui la charité me sollicite de faire connaître l'erreur où ils ont été, afin qu'ils se convertissent et qu'ils vivent : *Ut convertantur à viis suis* **Ezech. 23.** *pessimis , et vivant.*

C'est cette tyrannie qu'il faut vaincre, non seulement avec les armes de la religion, mais encore avec celles de la droite raison, et de la saine philosophie.

Le caractère des philosophes, dit saint Bazile, c'est d'examiner et de raisonner : mais celui des chrétiens, c'est de croire et de se soumettre. Les apôtres n'ont point été envoyés pour nous apprendre à disputer , mais pour nous faire obéir à la foi de Jésus-Christ : *Ad obediendum fidei,* comme parle saint Paul, et ici il dit aux corinthiens qu'il leur donne le dépôt de la vérité comme il

l'a

l'a reçue : *Tradidi enim vobis quod et accepi*. C'est-à-dire , suivant l'explication de saint Jean-Chrisostôme que comme les apôtres n'ont point raisonné eux-mêmes sur la parole de Dieu qu'ils annonçaient , mais qu'ils l'ont prêchée simplement, sans y rien ajouter de leur propre esprit , nous devons aussi les imiter en nous rendant à cette parole sainte, avec la simplicité dont ils nous ont donné l'exemple.

Oui , messieurs , cette orgueilleuse manie de ne vouloir pas se soumettre aux leçons de la foi , qui retint les scribes et les pharisiens dans leur incrédulité , est encore ce qui cause l'incrédulité de nos jours. Ah ! malheur , malheur à ceux qui craignent et fuient la lumière , ils seront condamnés dans cette vie aux ténèbres de l'ignorance , et dans l'autre à des ténèbres bien plus funestes encore.

Que faut-il donc faire , chrétiens , pour demeurer fermes , inébranlables dans la foi de l'évangile , et ne point tourner au gré de tous les vents de doctrine ? Il faut adopter tout ce que les écritures saintes adoptent , parce que l'esprit de Dieu les a dictées ; réprouver tout ce qu'elles réprouvent ; et rejeter , avec l'église catholique notre mère , toutes les nouveautés prophanes qui n'ont point pour base les monumens sacrés de l'antiquité : avec de tels guides on ne peut s'égarer, et il est aisé de réfuter les faux principes de cette secte impie qui nous jeta dans des malheurs incalculables, en détruisant le grand précepte de l'évangile qui nous assujettit aux princes, par le même motif qui nous soumet à Dieu, et qui, selon l'expression de l'illustre Bossuet, place le trône des rois dans la conscience, où Dieu a le sien. Soyez soumis non-seulement par crainte, mais aussi par conscience : *Subditi estote non solum propter iram, sed etiam propter conscientiam.*

St. Paul aux Rom., 13, 5.

Ainsi, messieurs, pour remplir notre objet, allons à la source, remontons à l'origine des rois; voyons quelle puissance les établit sur le trône pour gouverner les nations; jugeons en même-temps si c'est la main de Dieu ou celle des peuples qui leur confia les rènes des empires, et confondons les philosophes de nos jours, qui ont prétendu dans leur délire, aux mépris des lois divines et humaines, que la souveraineté résidait dans le peuple, et que le peuple souverain devait, de droit naturel, se gouverner lui-même. Principe aussi opposé aux saintes Ecritures qu'à la droite raison : je le prouve. Dieu est le véritable roi, à qui il appartient de régner et de commander à tous les princes; de dominer sur tous les êtres, et qui tient dans sa main la force, la puissance, la grandeur et l'empire suprême : *Tu es Domine super omnes principes, tu dominaris omnium, in manu tua virtus et potentia, in manu tua magnitudo, et imperium omnium.*

1 Paral.,
29, 10, 12.

Son empire est éternel et c'est pourquoi il s'appelle le roi des siècles. Il est absolu et indépendant parce qu'il a pour titre la création de toutes les choses qu'il sortit du néant, et par cela même tous les êtres sont sujets à son empire, qui est absolu et indépendant de tous les êtres. Ce fut lorsqu'il forma l'homme à son image et à sa ressemblance que lui ordonnant de présider et de gouverner les animaux, les poissons, les oiseaux, toute la terre, qu'il nous laissa une notion bien claire du pouvoir et de la supériorité qu'il devait accorder dans la suite des temps à ceux que sa providence destinerait pour régner sur les peuples.

Car, presqu'aussitôt que les hommes se sont formés en société, il paraît que des rois ont été établis pour la conduire et veiller à sa conservation, puisqu'en ouvrant, pour ainsi dire, l'Ecriture sainte, nous voyons au chapitre quatorze de la Genèse que quatre rois, voisins de Sodôme, se joignirent pour envahir cette ville, où ils entrèrent victorieux, et d'où ils emmenèrent, entr'autres captifs, Loth, emportant avec eux leurs biens et leur fortune. Dans ce seul passage on y

compte neuf rois , preuve non équivoque ,
dit Justin , que dans ce temps-là c'étaient
de petits rois qui se contentaient de vivre
en paix dans les bornes de leur empire et
de gouverner les peuples que Dieu leur avait
confié.

Pour ce qui regarde le peuple d'Israél ,
nous savons qu'il fut gouverné 360 ans par
des juges : mais en suivant les différens
événemens qui se succédèrent, on vit le nom
de roi se repéter plus fréquemment encore ;
on les vit décorés d'une plus grande puissance, parce que sans doute les hommes
s'étant multipliés, et Dieu les ayant divisés
dans les quatre parties du monde : *Dispersit
eos Dominus super faciem cunctorum regio-
num*, il voulut qu'il se formât des monarchies
séparées et que de puissans monarques les
gouvernassent. Car nous lisons au livre des rois
que Dieu constitua lui-même plsieurs rois, en
proposa plusieurs autres, et que le peuple
d'Israël en demanda un à Samuél ; que Dieu
appela Saül pour le gouverner, et qu'il ordonna au prophète de le oindre avant que
le peuple l'approuvât et le reconnût.

Or, je vous le demande, messieurs, si la
souveraineté eût résidé dans le peuple, n'aurait-il point élu son roi sans le demander ?
et Dieu aurait-il ordonné à Samuél de le
consacrer souverain avant que le peuple l'eût

élu et reconnu ? Non, messieurs, non, Dieu qui ne peut ni se tromper ni nous tromper aurait alors usé du droit naturel, par conséquent immuable du peuple, ce qui ne peut se dire sans impiété..... On peut donc conclure que l'origine des rois n'a d'autre source que la divinité même : que leur puissance vient de Dieu, et que leurs trônes sont le trône de Dieu même. Selon ces paroles de l'Ecriture, Dieu a élu mon fils Salomon pour le placer sur le trône sur lequel règne le Seigneur sur Israël; et dans un autre endroit il est dit que Salomon s'assit sur le trône du Seigneur. *Paralip., 28, 5.*

Le Roi ne peut donc avoir d'autre supérieur que Dieu, ni d'autre dépendance que celle qu'il doit à l'Être suprême. « Obser- » vez, dit l'Ecclésiaste, les édits qui sortent » de la bouche du roi, ne pensez pas vous » y soustraire, la parole du roi est puissante » et personne ne peut lui dire : pourquoi » agissez-vous ainsi. » *Sermo regis potestate plenus est, nec dicere ei quisquam potest, quare ita facis !* Le cœur des rois est impénétrable : *Cor regum inscrutabile.* *Ecclesiast. 8, 4. Prov. 25, 3.*

Au-dessus du roi, dit saint Optat, il n'y en a point d'autre que ce Seigneur qui fit le roi. Saint Irenée dit encore que par celui-là seul sont faits les rois par l'ordre de qui naissent les hommes : et Tertulien, parlant *Irenée, lib. 5, 24.*

au nom des premiers chrétiens de l'Eglise, disait que l'empereur tenait son sceptre de la même main qui le fit homme, avant d'être empereur, et de là lui vint la puissance pour régner, d'où lui vint le souffle pour respirer.

Honorons les Césars, ajouta-t-il, comme des hommes qui tiennent le premier rang après Dieu, ils sont comme des Dieux sur la terre, et participent en quelque manière à l'indépendance divine ; sans cette puissance absolue, ils ne pourraient point faire le bien et punir le mal, ce qui est nécessaire pour le maintien de la société.

Tertul. apoc. 3o.

Je ne finirais point si je voulais entasser ici toutes les autorités qui détruisent cette erreur des philosophes de nos jours, sur la puissance royale : erreur entièrement opposée à cette sentence de l'Esprit-Saint : *Per me reges regnant*, et à celle de l'apôtre saint Paul, qui écrit que toute puissance vient de Dieu : *Omnis potestas à Deo.*

D'ailleurs, si les rois n'étaient point des princes légitimes, s'ils eussent été établis contre les droits naturels des peuples, Jésus-Chrit nous ordonnerait-il de leur obéir à son exemple, et ses apôtres auraient-ils consigné dans leurs épîtres les volontés de leur maître, comme ils l'ont fait avec tant d'exactitude ? Non, messieurs. Il est donc démontré par l'Ecriture sainte et par l'autorité de l'esprit qui l'a dictée, que la souveraineté ne réside point dans le peuple, mais qu'au contraire les rois tiennent leur puissance de Dieu seul : *Per me reges regnant* : qu'ils sont ses ministres, *ministri Dei sunt*, et non le pouvoir exécutif du peuple, comme le prétendirent ces hommes séditieux pour venir à bout de leurs desseins perfides. ^{Rom. 13, 6.}

Ce principe enfanté par l'orgueil n'est pas moins opposé à la droite raison qu'à l'Ecriture sainte. Car, la raison dicte que dans toute hiérarchie il doit y avoir un premier mobile qui donne la direction à tous les membres sans la recevoir de ceux à qui il la donne. Or, si le peuple était souverain, ce premier mobile qui doit le gouverner et le diriger recevrait sa puissance et sa supériorité de lui, ce qui implique contradiction ; puisque pour lors le peuple serait sujet et souverain, il recevrait le gouvernement et le donnerait ; la tête se trouverait sujette aux pieds et le soleil aux étoiles, ce qui est évidemment absurde : d'où il suit que le roi ne peut point être sujet du peuple, que son autorité ne dépend point de ceux sur qui il règne, qu'il est au contraire ce premier mobile qui doit diriger les hommes en société, sans être gouverné ni dépendre de personne que de Dieu seul, Roi de tous les rois, et Seigneur

(24)

de tous les seigneurs, comme dit l'apôtre,
selon ces paroles de la sagesse : *Quoniam
data est à Domino potestas vobis , et virtus
ab altissimo qui interrogabit opera vestra, et
cogitationes scrutabitur.*

Il est donc vrai que pour reconnaître la
souveraineté du peuple il faut avoir éteint,
avec cette ligue d'incrédules que nous combattons , les lumières de la saine raison. Ah !
messieurs , si sa voix eût été étouffée dan
tout l'univers comme elle l'a été en France
sous le règne de cette horde de factieux ,
on n'aurait entendu de tous cotés que le
choc violent de toutes les passions ; on aurait
vu le cri de l'homme confondu avec celui
des bêtes féroces, et l'univers plongé dans un
désordre affreux. Aussi les funestes consé-
quences de ce principe destructeur de tout
ordre social conduisirent bientôt ces orgueil-
leux philosophes, à substituer à la liberté des
enfans de Dieu , la liberté mensongère et
l'égalité chimérique qui produisirent la li-
cence et l'anarchie.

Liberté , égalité : voilà , messieurs , les
dieux pour lesquels et par lesquels vous
jurâtes ; les décrets du ciel vous le défen-
daient , mais ceux des tyrans vous l'ordon-
naient. Quelle épreuve, quelle cruelle alter-
native pour des cœurs qui aimaient leur
patrie , et qui voulaient rester fidèles à leur
Dieu, à leur conscience !

Liberté , qui en permettant toutes les opinions religieuses favorisa tous les égaremens de l'esprit humain , confondit et exclut ainsi la religion catholique qui ne peut composer avec l'erreur , et l'Eglise, la colonne et la dépositaire infaillible de cette vérité divine qui fixe les incertitudes des volontés de l'homme , et règle les passions de son cœur , l'église de Jésus-Christ fut méconnue , attaquée , persécutée , enfin détruite au milieu de vous.

Egalité chimérique qui produisit l'insubordination et le désordre ; égalité , qui ne peut exister ni dans l'ordre physique , ni dans l'ordre moral , ni dans le politique.

Dans l'ordre physique et naturel , il ne faut pour s'en convaincre , qu'un coup d'œil sur le théâtre du monde : en effet , où est cette égalité , entre le soleil qui répand de toutes parts ses feux et sa lumière et la terre qui les reçoit ; entre les étoiles du firmament et les sables de la mer ; entre l'oiseau qui plane dans les airs et le ver qui rampe ; entre les montagnes superbes et les profonds vallons qu'elles forment.

Dans les animaux de la même espèce voit-on cette égalité ? Sortis du même sein , engendrés d'un même père , chacun a son organisation, son instinct, sa figure, son génie singulier qui le distingue d'un autre. Quelle preuve plus évidente de la fécondité du créateur et de sa sagesse infinie?

Dans l'ordre moral, l'orgueil, la basse jalousie, l'ambition injuste et démesurée, l'amour de la volupté, la férocité forment le caractère des uns; la modération, l'humanité, le désintéressement, la retenue, la bienfaisance, la générosité sont le caractère distinctif des autres.

Dans l'ordre politique et social, la diversité des états, des arts, des professions, des ministères qui le composent, n'exigent-ils pas une diversité de talens, de lumières, de facultés qui excluent toute égalité? N'est-ce pas au contraire l'inégalité de tous les êtres qui enrichit, qui embellit la nature? N'est-ce pas l'inégalité des talens, des lumières, et des caractères propres aux divers états et aux différens besoins des hommes, qui forment et conservent la société? L'égalité est donc contraire à l'ordre naturel, moral et politique : elle l'est encore à la sagesse et à la providence de Dieu, que les incrédules méconnurent et blasphémèrent. Liberté, égalité ne furent donc que la devise de l'orgueil, le cri de l'insurrection, la source du désordre, de la désobéissance, de toute insubordination, et de la dissolution totale de la société.

Aussi, pour établir leurs faux principes,

à quels funestes excès ne se sont-ils point portés , ces prétendus philosophes , dont le zèle n'eut d'autre fin que la destruction de l'innocence et du règne des vertus ? Bientôt leur âme et la vôtre , messieurs , ne parut plus qu'un instinct ; vous fûtes défigurés par les passions , et l'incrédulité , qui n'est qu'une chaîne de principes , ne vous permit de sortir d'un désordre que pour retomber dans un autre.... Séparés de la communion de l'Eglise , vous ne fûtes qu'autant de branches sèches , dans lesquelles l'esprit de vie ne circula plus : endurcis dans l'ignorance , vous lûtes les écritures , mais vous n'entendîtes point le sens qu'elles renfermaient , et vous ne comprîtes point que si Dieu , à qui appartiennent les royaumes , et par qui les rois règnent , voulut faire précéder tant de différentes circonstances pour légitimer l'élection de Saül et sa vocation au royaume , ce n'était que pour nous signifier ses volontés et réprimer la témérité d'un peuple qui , par un tumultueux et scandaleux désordre , par des séditions et des trahisons manifestes , a secoué le joug du Seigneur , en secouant celui de son prince légitime , pour se livrer à des tyrans qui , hier , étaient nos compagnons , nos voisins , et que nous avons vu rompre les liens les plus sacrés , pour se précipiter en aveugles dans le sein des plus grandès atrocités , en trempant des mains cruelles dans le sang de l'oint du Seigneur.

Ah ! messieurs, la postérité se souviendra toujours , que l'infortuné Louis XVI n'a cherché qu'à faire le bonheur de son peuple ; qu'il l'aurait fait , si ces impies philosophes ne s'étaient opposés à ses vues bienfaisantes , en répandant d'une main hardie le poison d'une liberté perfide , d'une égalité chimérique , qui ont enfanté l'abomination , le scandale. — La postérité se souviendra toujours que ce malheureux monarque n'opposa à la multitude de ses ennemis que sa bonté paternelle , sa douceur et sa patience ; mais avec de telles armes on succombe devant des cœurs insensibles ; et voulant ménager le sang de ses sujets , il tomba dans le plus horrible esclavage. Long-temps son courage le soutint, mais enfin il fut accablé, il périt.

Oui, les générations futures ne l'oublieront jamais , malgré les efforts impuissans de l'impie : le Tout-Puissant a laissé la vérité, pour être entendue et reconnue ; car cette tête sacrée , qui nageait dans le sang le plus pur des Bourbons, avec sa bouche entr'ouverte , semblait encore achever des paroles paternelles commencées ; et son visage, quoique pâle, défiguré , retraçait cette sérénité , fidèle compagne de l'innocence , que la mort même ne put effacer de son front.

Ah ! messieurs, nous avons tous, ou presque tous, à pleurer des fautes. Mais l'assassinat de Louis XVI.... ! non, la nation ne l'a point commis. La nation en est innocente, elle le crie à toutes les autres nations, à la postérité la plus reculée ; elle le criera toujours. Le sang du juste n'a pas été répandu par elle, elle désavoue hautement une dette de sang qu'elle n'a point contractée. Régicides ! vous n'avez point osé l'appeler en complicité avec vous dans cet affreux jugement ; et tant que vous ne pourrez prouver qu'elle y a trempé ses mains, votre crime vous restera.

Eh ! comment ne pas frissonner d'horreur, si je vous rappelle que le trépas du roi martyr (ordonné à la majorité de *cinq* voix, sur *sept cent vingt-une*), fut suivi de vingt-deux années de guerres étrangères et de fureurs intestines, où périrent cinq ou six millions de français ! Quelle plus terrible preuve l'histoire des siècles offrit-elle jamais des maux innombrables auxquels une nation s'expose, en brisant les liens de l'autorité légitime !

Car, s'il est vrai que les peuples, par l'ordre de Dieu, mirent d'abord le sceptre entre les mains des premiers rois de France, s'ils les élevèrent sur le bouclier militaire,

(3o)

et les proclamèrent souverains ; il est vrai
aussi, dit le célèbre Massillon, que le royaume devint ensuite l'héritage de leurs successeurs, et que s'ils le durent originairement
au consentement libre des sujets, leur naissance seule les mit ensuite en possession du
trône.

Esprits ambitieux, usurpateurs du trône,
qui voulûtes anéantir alors, et plus récem-
ment encore le 13 février de cette année,
l'auguste famille des Bourbons pour régner
sur ses ruines, considérez la volonté de
Dieu dans sa conduite à l'égard des douze
tribus d'Israël : il choisit entr'elles celle
de Benjamin, dit l'écriture, et entre les
familles de celle-ci, celle de Cir : préférence qui exclut toutes les autres tribus,
toutes les autres familles de la royauté,
comme celle des Bourbons en exclut tous
ces audacieux sujets qui voulurent s'élever
contre la volonté du Seigneur, en sacrifiant
à leur ambition le meilleur des rois, que
Dieu même leur ordonnait d'honorer !
Regem honorificate.

Et vous, malheureux sujets, peuple
trompé, qui avez soutenu si long-temps,
au prix de votre vie et de celle vos enfans,
les viles passions de quelques hommes infâ-
mes ; pour qui, et contre qui avez-vous
combattu ? Vous avez combattu pour des

tyrans , et contre le meilleur des rois ; contre un prince légitime , à qui vous aviez juré un amour et une obéissance éternels. Quoi ! pour gémir sous le poids énorme du plus dur esclavage , vous avez sacrifié vos vies , vos femmes , vos enfans , vos fortunes ; et abandonnant les douceurs d'une paix solide et constante , vous avez voulu mourir traîtres à votre Dieu , à votre roi et à votre patrie : quel aveuglement !

Mais , messieurs , puisque vous avez été assez faibles pour vous laisser gouverner par des hommes indignes de vivre , à qui le mal ne coûta rien à faire , parce qu'aucun sentiment de bonté , ni aucun principe de vertu ne les retint ; puisque vous avez été assez faibles pour vous laisser tyranniser , pendant plusieurs années , par des traîtres dont vous n'avez connu que trop tard la trahison ; puisque vous avez été assez faibles pour aider les méchans à opprimer les bons , et pour soutenir ces hommes corrompus , qui ne parurent faire le bien que pour tromper plus aisément le reste des hommes, je vais vous faire connaître , après vous avoir convaincus, que vous devez honorer votre roi, parce qu'il tient sa puissance de Dieu seul , *regem honorificate* ; je vais , dis-je, vous faire connaître comment vous pourrez réparer le passé par l'avenir ; c'est, messieurs, en lui obéissant en enfans dociles et soumis, parce que la religion vous l'ordonne. C'est le sujet de la seconde partie.

SECONDE PARTIE.

Dieu gouverne le monde d'une manière invisible ; mais il veut que les rois fassent administrer la justice en son nom, qu'ils le représentent, et qu'ils soient son image sur la terre. De manière que c'est désobéir à Dieu, que de ne point leur obéir, que de ne point exécuter leurs ordres.

Vous le savez, messieurs, les rois sont les oints du Seigneur ; et leur consécration est d'autant plus auguste, que Dieu lui-même détermina le mode qui devait consacrer les chefs de son peuple.... L'écriture nous dit, et je vous le répète afin que cette vérité se grave éternellement dans vos cœurs, qu'il ordonna à Samuel de choisir Saül, et de le consacrer : Tout pouvoir vient de Dieu, dit saint Paul, et la religion nous ordonne d'obéir aux souverains, quand même ils seraient des tyrans comme Néron, à l'exemple des premiers chrétiens, qui souffraient en gardant le silence, et qui priaient pour leurs persécuteurs.

Tout le monde sait que l'obéissance fut la seule loi que Dieu imposa à l'homme dès l'instant de sa création : pour lui faire connaître

naître l'empire qu'il devait avoir sur son ouvrage : « Ne mange point, lui dit-il, de » l'arbre de la science du bien et du mál, » parce que tu mourras le même jour que » tu en mangeras. » *De ligno autem scientiæ boni et mali ne comedas , in quacumque enim die comederis ex eo, morte morieris.* Genese 2, 17.

Après cette obéissance que nous devons à l'Être suprême à tant de titres, rien n'est plus expressément recommandé dans les saintes écritures, que l'obéissance aux souverains ; car saint Paul ordonne que toute personne soit sujette aux puissances sublimes : *Omnis anima potestatibus sublimioribus subdita sit.* Dans son épître à Titte, il lui recommande d'avertir les fidèles d'obéir aux princes : *Admone illos· principibus et potestatibus subditos esse , edicto obedire ;* et écrivant aux hébreux, il ajoute d'obéir à leurs supérieurs, *obedite præpositis vestris.* D'où il suit que personne ne peut être excepté de cette obéissance que nous devons tous au souverain. Rom. 13, I. Ad tit. 3 , I. Heb. 13, 17.

D'ailleurs, cette puissance de régner sur les peuples, et de les gouverner par des lois que Dieu accorda aux rois, selon ces paroles de l'écriture, *per me reges regnant, et legum conditores justa discernunt ,* deviendrait inutile, si les souverains ayant, de droit divin, le pouvoir de gouverner et de Prov. 8, 15.

commander les peuples, ceux-ci n'étaient point obligés de leur obéir. Et Jésus-Christ ne nous a-t-il pas donné l'exemple de cette obéissance par sa conduite ?

Oui, messieurs, une monarchie gouvernait les hommes, lorsque le Sauveur du monde s'incarna et naquit : il voulut l'accréditer et l'approuver, en se soumettant aux édits des princes Auguste et Tibère, en leur payant le tribut, et en publiant, en prêchant sans cesse l'obéissance à ceux qui avaient l'autorité, parce que sans doute, comme l'expérience nous l'a démontré, les hommes ne peuvent vivre en société, sans reconnaître un autre homme, et sans que la direction universelle des choses vienne d'une main suprême.

Rapelez un moment votre ancien gouvernement populaire, où tous voulurent commander, et où personne ne voulut obéir ; où vous eûtes autant de tyrans que de législateurs, qui vous donnèrent à jurer le maintien de plusieurs constitutions, qui ne furent toutes qu'une source de désordres, de discordes et de confusion. Gouvernement variable, vague, inconstant et pernicieux, sujet aux plus grandes infirmités politiques ; si mal assuré, que le moindre esprit altier l'altéra, le moindre accident y jeta le trouble , et que l'envie, la cruelle envie poussa les uns à déchirer les autres, à s'entredétruire, pour s'élever et vous commander avec dureté ; de manière que, fatigués de leurs vexations, vous avez dû tenir le même langage que le peuple d'Israël tenait au moment qu'il demanda un roi à Samuel.

Comment, disait-il, nous serons sujets à des hommes nos compagnons, de la même qualité, à qui nous n'avons accordé une plus grande juridiction que pour notre ruine ! Quoi ! ils ont assez de pouvoir pour nous nuire, et ils sont sans dignité, sans pouvoir, sans valeur pour nous défendre ; nous leur payons les tributs de nos fortunes pour les conserver, et nous combattons pour soutenir leurs violences, leurs crimes et leurs iniquités ! accablés de tributs pendant la paix, combattant au hasard pendant la guerre, pour nous défendre et les défendre, nous naissons pour les enfans d'Eli et de Samuel ! Quoi ! nous devons mourir pour assurer leur empire ! Non, ayons un roi qui nous gouverne, qui meure pour nous défendre, et que nous vivions pour le soutenir ; et si nous mourons pour défendre sa vie, israélites, nous mourrons pour une plus grande dignité, et pour un pouvoir dont nous devons concevoir les plus hautes espérances pour notre conservation commune.

Voyez, enfans d'Israël, la gloire des nations ; ces peuples ont des rois couronnés,
dont la valeur, la vigilance et la force ren-
dent leurs noms si formidables, qu'ils con-
tiennent et arrêtent sur leurs frontières les
ennemis de leur empire. Nous sommes la
seule de toutes les grandes nations qui nous
trouvions avec des supérieurs qui n'ont point
la valeur des rois ni la droiture des juges ;
ils ne sont rois que pour nous commander,
et juges que pour nous accabler.

Ah ! messieurs, si Israël, dans l'excès de
sa douleur, fit retentir de tous côtés ses
plaintes contre une puissance légitime, avec
combien plus de raison n'auriez-vous pas pu
faire entendre les vôtres contre une puissance usurpée par des hommes d'un cœur
féroce et insensible, qui succèrent sans
doute dans leur enfance les mamelles d'une
tygresse ! Ces monstres, vous le savez, acca-
blèrent tous ceux qui entreprirent de sui-
vre leur conscience, et tous les gens de bien
furent enveloppés dans les horreurs de la
mort, ou gémirent dans le silence ; à peine
même osèrent-ils gémir, tant leur tyrannie
fut cruelle. Bon Dieu ! quels hommes ! ils
ne régnèrent que pour détruire, pour ra-
vager, pour renverser ce beau royaume,
et non pour vous rendre heureux par un
sage gouvernement.

O malheureuse France ! trop malheureuse France ! par quelles mains fus-tu conduite , dès l'instant que tu secouas le joug de ton Dieu pour t'assujettir à celui des hommes ! Par quelles mains fus-tu conduite dès l'instant que tu abandonnas ton roi légitime pour t'assujettir à des tyrans !

Oui , messieurs , la France s'était livrée à l'incrédulité : Dieu lui a infligé le plus juste et le plus terrible châtiment ; il l'y a abandonnée. Il a accordé à l'incrédulité d'usurper la puissance , et la prédiction du sage a été accomplie : *Cum impii sumpserint principatum gemet populus ;* et tout a été détruit : finances , commerce. , justice , police , mœurs, vertus, royauté, religion ; tout a disparu sous ses mains meurtrières. Il n'est resté qu'une force aveugle et atroce , qui déployant sa rage de tous côtés sans pouvoir s'arrêter , et que le besoin de l'assouvir a poussé sans cesse de violences en violences, d'injustices en injustices , de guerres en guerres, a présenté à l'Europe épouvantée l'affreux spectacle d'une caverne de brigands, qui , tout dégoûtans du sang de leurs victimes , se sont assassinés les uns les autres pour s'arracher leurs dépouilles.

Comparez maintenant les deux règnes, et jugez, messieurs, jugez vous-mêmes lequel des deux mérite la préférence ; voyez

Prov. 29, v. 2.

si un règne de confusion et d'horreur, où pas une propriété ne fut respectée, mérite de l'emporter sur celui de l'ordre, de la tranquillité et de la sûreté publique.

Sur les ruines de l'empire tyrannique, le bras de l'Éternel vient enfin de relever le trône de saint Louis, où sa main bienfaisante vient de placer un roi très-chrétien, le fils aîné de l'Eglise, qui se hâte de fermer des plaies trop profondes, pour que son ouvrage ne soit pas celui d'un moment. Eh ! ne fait-il pas déjà comme un sage médecin, qui guérit un grand mal par un moindre ? *Ut dolor dolore tollatur.*

August. , de naturâ et gratiâ.

Notre auguste monarque vous promet le règne des lois, la joissance paisible de vos fortunes, la paix extérieure et intérieure de votre patrie : il a commencé pár rendre la liberté au chef visible de l'Eglise, qui depuis si long-temps ne pouvait plus paître le troupeau que Jésus-Christ lui a confié, en brisant les fers de son tyran ; il vous a donc rendu vos temples, vos autels, votre culte catholique, pour expier par les larmes de la pénitence, vos égaremens, vos révoltes et vos désobéissances : il finira, messieurs, par vous assurer un bonheur constant et durable, pourvu que vous obéissiez au Dieu de vos pères et à ses ordres, comme votre intérêt personnel l'exige, et comme la religion vous l'ordonne ; car ellé vous en fait un précepte. Tel est l'ordre que Dieu lui-même a établi. Il n'y a point de puissance qui ne vienne de Dieu , dit S. Paul ; c'est pourquoi , continue-t-il , celui qui résiste aux puissances , résiste à l'ordre de Dieu ; il ajoute encore , qu'il mérite la damnation , et que le prince est le ministre de Dieu ; qu'il ne porte le glaive que pour frapper les malfaiteurs en son nom ; c'est pourquoi l'apôtre nous exhorte de lui obéir , non seulement par la crainte du châtiment , mais encore à raison de notre conscience , et de rendre à un chacun ce qui est dû à un chacun , le tribut à qui appartient le tribut , l'honneur à qui appartient l'honneur : *Reddite ergo omnibus debita , cui tributum , tributum , cui honorem , honorem.*

Peuples , écoutez ce grand et salutaire principe ; qu'il fasse dans vos esprits et dans vos cœurs une forte impression.

Mais il ne suffit pas d'honorer la personne sacrée des rois , il faut encore les respecter et leur obéir dans les ministres qui les représentent , et dans les édits qui déclarent leurs volontés. Assujettissez-vous , dit l'apôtre saint Pierre , au Roi , comme à celui qui tient la suprême puissance , et à ses ministres comme envoyés par lui : *Subjecti igitur estote omni humanæ creaturæ propter Deum,*

Petr. ch. 2, v. 13 et 14. *sive regi , quasi præcellenti , sive ducibus tanquam ab eo missis.*

Voulez-vous ne pas craindre la puissance du roi, dit saint Paul, faites le bien : *Vis* Rom. 13, 3. *autem non timere potestatem , bonum fac.* Ainsi , tous ceux qui violent les droits du prince , et qui murmurent contre les per‑ sonnes qu'il a établi pour gouverner, com‑ mander et juger en son nom , deviennent coupables et méritent, outre le châtiment en ce monde , les peines éternelles dans Rom. 13, 2. l'autre : *Ipsi sibi damnationem acquirunt.*

Tels sont , messieurs, les vrais principes de subordination que Dieu lui-même a éta‑ blis pour des hommes qui devaient vivre en société , et non pas être confondus avec les bêtes , par les maximes pernicieuses des philosophes de nos jours , qui parvinrent à détruire toute subordination au mépris des lois divines et humaines. Mais au lieu de l'évangile , qu'enseignèrent-ils ces hommes qui ne prêtant l'oreille qu'à l'orgueil , ont été assez téméraires pour se faire nos légis‑ lateurs ? Les uns nous ont faits compagnons des animaux les plus immondes et les plus féroces ; les autres nous ont considérés comme les parties d'une divinité sourde, muette et extravagante , distribuée dans tous les corps. O insensés ! ils n'ont pas réfléchi qu'il n'appartient point à la raison de connaître des choses incompréhensibles. C'est être bien ignorant que de prétendre concevoir et entendre ce que c'est que Dieu ! Ce n'est plus la raison , mais l'abus qu'ils firent d'elle , qui les abandonna à de si grandes absurdités.... La raison parle toujours conséquemment quand on la consulte; et il est plus glorieux pour elle de se contenir dans les limites que lui a prescrit la Divinité , que de vaguer errante dans les espaces immenses où l'orgueil et les esprits faux ne peuvent que trouver leur précipice.

Aussi la postérité tremblera , lorsqu'elle se souviendra de tous les excès ; elle les imputera toujours aux progrès de l'impiété , et à l'esprit d'irréligion qui régna avec tant d'empire. Eh ! messieurs , comment de tels hommes purent-ils respecter le souverain , quand ils foulaient aux pieds la Divinité , et quand ils publiaient que l'âme n'est qu'une chimère , et que l'homme n'a rien de plus que la chèvre qui broute ?

Tous les vrais législateurs trouvèrent , dans l'idiome de la raison , l'esprit des lois qu'ils établirent , parce qu'ils ne voulurent point sortir de ses bornes : mais ceux-ci la déshonorèrent , en dépassant les limites de l'esprit humain : ils n'établirent des lois que pour confondre la vertu et outrager la religion. Aussi , quel règne établirent-ils ces hommes sans principes ? vous en fûtes les témoins : celui de toutes les passions ; et de l'empire français, le plus puissant, le mieux organisé, le plus respecté de l'Europe, qu'en firent-ils ? Ils en firent un empire de confusion, de misère et de mépris.

Mais Dieu a dit dans sa miséricorde, à la France entière, ce qu'il dit à David, lorsqu'il choisit, entre ses enfans, Salomon pour le faire asseoir sur le trône de son royaume, en l'établissant sur Israël ; il lui dit : Ce sera Salomon qui me bâtira une maison avec ses parvis ; car je l'ai choisi pour mon fils, et je lui tiendrai lieu de père ; j'affermirai son règne à jamais, pourvu qu'il persévère dans l'observance de mes préceptes et de mes jugemens, comme il fait présentement.

Nouveau Salomon, Louis le Désiré, n'ayez jamais pour amis les ennemis de Dieu ; appliquez-vous à reconnaître ce Dieu de votre père, et le servez avec un cœur parfait et une pleine volonté, car le Seigneur sonde tous les cœurs, et il pénètre toutes les pensées des esprits ; si vous le cherchez, vous le trouverez ; mais puisque le Seigneur vous a choisi pour rétablir et rebâtir la maison de son sanctuaire, armez-vous de force, et accomplissez son ouvrage.

Faites connaître, grand Dieu ! à toutes

:les nations, que vous êtes notre Dieu, que nous sommes votre peuple et les enfans de votre Eglise ; de cette Eglise que vous vintes établir par votre doctrine, vos exemples et les plus éclatans prodiges ; de cette Eglise, qui est cette vigne chérie que vous avez plantée, et entourée de la haie de votre puissante protection, arrosée de votre sang et du sang de tant de martyrs : dès les premiers siècles, ses provins s'établirent dans les Gaules, à la place d'une nation idolâtre : vous envoyâtes les Denis, les Saturnin, les Irénée, les Hilaire, les Cézaire, les Martin, et d'autres puissans en œuvres, qui l'ont propagée, cultivée par la parole de la foi, par leurs miracles et leurs travaux.

Marchant sur leurs traces, que n'ont pas fait leurs successeurs, les vrais évêques de nos jours, contre les ennemis qui ont voulu la détruire ? Ils ont sacrifié leurs biens, leur repos, leur vie, pour la défendre et la conserver contre les entreprises des incrédules, ennemis plus dangereux que les idolâtres des premiers siècles. Que n'ont-ils pas fait pour prémunir les prêtres et les peuples contre leurs ouvrages et leurs cris de séduction ? Ils leur ont opposé leur foi et un zèle invincible, une charité et une patience inaltérable et des écrits vrais, solides, lumineux qui sont restés sans réplique devant

l'erreur. Mais persuader et convertir le pécheur égaré et des aveugles volontaires, c'est
là, Seigneur, le prodige réservé à votre
grâce.

Ah ! Seigneur, souvenez-vous des miracles
que vous opérâtes en faveur de votre peuple, quand vous le rappelâtes de l'Egypte,
quand devenu infidèle, et de là, livré au
pouvoir de ses ennemis, votre droite brisait
ses fers et le ramenait à Jérusalem, après
avoir vu couler ses larmes ; quand vous entendîtes la voix du sang du vertueux Onias
et des enfans machabées ; que pour venger
la gloire de votre temple et de votre cité
sainte, vous frappâtes, d'une plaie mortelle,
le superbe Antiochus qui les avait remplis
et souillés de pillages, de meurtres, de sacriléges, et qui avait mis sur vos autels, à
votre place, les idoles des nations ; quand
vous suscitâtes un Mathatias et ses enfans,
et que vous faisiez marcher devant eux l'ange
exterminateur, pour délivrer et consoler
votre peuple. Ah ! ces prodiges, Seigneur,
vous venez de les opérer en faveur de la
nation française pour le rétablissement du
trône et de l'autel ; vous venez de lui rendre
son souverain pontife, qui, nouveau Néhé-
mias, affligé du malheur des fidèles, prie
pour elle ; qui instruira ses habitans de votre
loi, qui lui rappellera vos bienfaits et leurs

devoirs, qui, relevant les murs de la sainte
Sion, rétablira ses solennités et votre culte :
mais pour cela surtout communiquez encore
votre force au digne fils de saint Louis, que
votre main a formé, et que vous avez choisi
pour le sauver.

Jetez donc les yeux, messieurs, sur ce que
vous avez été, sur ce que vous seriez encore
si Dieu ne vous avait fait miséricorde : quoi-
qu'il ait guéri quelqu'une de vos plaies, il ne
veut pas néanmoins que vous en perdiez le
souvenir ; nous devons les regarder, dit saint
Paul, comme le sujet d'une humiliation con-
tinuelle, parce qu'il est juste que le pécheur
porte toute sa vie l'humiliation de son péché.

Mais quand vous auriez mené une vie
vertueuse depuis votre enfance vous ne pour-
riez encore vous glorifier de rien, puisque
cela ne vient point de vos forces, mais de
celui qui a soutenu votre faiblesse. Si Dieu
ne vous avait prévenu et fortifié par sa grâce,
ne seriez-vous pas tombé dans les mêmes
désordres dont les plus grands pécheurs se
sont rendus coupables, et n'y tomberiez-vous
pas encore tous les jours s'il ne continuait de
vous protéger ? Un grand saint n'a-t-il pas
dit, qu'il n'y a point de péché, pour horrible
qu'il soit, qu'un homme ait commis, qu'un
autre homme ne puisse commettre pareille-
ment, si celui qui est le conducteur de

l'homme ne l'en préservait par sa grâce :
Nullum est enim peccatum quod facit homo,
quod non possit facere et alter homo, si desit
rector à quo factus est homo.

August.
serm. 25.

Servez-vous donc, messieurs, de cette
pensée pour vous humilier, pour pardonner
du fonds de votre cœur à vos ennemis, et
surtout ces hommes pervers à qui le mal ne
coûta rien à faire, parce qu'aucun principe
de vertu, aucun sentiment de religion ne les
retint. Eh! qui osera se venger quand le roi
pardonne?

Peuple chrétien, écoutez notre sainte
religion, qui vous ordonne d'obéir à un
seul homme que Dieu même a établi pour
vous gouverner, et vous trouverez dans votre
obéissance les vrais moyens d'être heureux.

Quel spectacle plus beau que celui d'un
royaume, où tous les esprits, tous les caractères différens paraissent n'avoir qu'une
même volonté, où le noble s'unit avec celui
qui ne l'est point, le savant avec l'ignorant,
le prêtre avec le laïque, pour se soumettre
tous ensemble et obéir, où toutes les lois
paraissent se réduire à une seule, où la
sûreté est aussi grande au milieu des chemins
que dans les villes, et dans la nuit comme
dans le jour; où le sang ne circule dans toutes
les veines que pour le répandre au service
du Roi et de la patrie; où le travail, l'in-

dustrie et l'étude concourent tous à une même fin.

Eh bien, messieurs, la religion sublime que nous professons a persuadé aux hommes cette heureuse harmonie : elle leur a désigné ceux que Dieu a destiné pour les gouverner, en leur imprimant par une onction sainte et divine, un caractère que nous devons tous respecter.

Écoutez donc, chrétiens, son langage, et vous remplirez toutes vos obligations de citoyens et de sujet ; que chacun, ordonne l'Esprit saint, demeure dans la vocation à laquelle il est appelé, *unus quisque in quâ vocatione vocatus est, in ea permaneat.* C'est là, et seulement là qu'il peut être agréable à Dieu, utile à la société dont il est membre, et à lui-même. Car, dans l'ordre de la Providence, toutes ces choses marchent constamment ensemble. La volonté de Dieu est notre principe, l'observation des devoirs, notre moyen, le royaume des cieux, notre terme. C'est en étant, conformément aux préceptes divins, de fidèles et vertueux citoyens de la cité terrestre, que nous mériterons de le devenir de la cité céleste.

Ne murmurez jamais de vos supérieurs, respectez leur volonté comme celle de Dieu même, ne parlez d'eux qu'avec la plus profonde vénération, priez pour leur prospérité et sachez que ceux qui se soulèvent contre les oints du Seigneur sont réellement maudits et méritent tous les malheurs et les plus sévères châtimens.

Que toutes ces vérités s'impriment dans vos cœurs, et que désormais nous voyions luire de tous côtés, cette obéissance, cet amour filial, que nous devons au Roi qui est notre protecteur, notre père. Que nos langues s'attachent plutôt au palais de nos bouches que de lui manquer de respect, et qu'ils soient à jamais effacés ces jours, où le fanatisme et l'irréligion osèrent exécuter le plus horrible attentat sur la personne sacrée de notre auguste monarque. Que le soleil, oui, que le soleil nous refuse sa lumière, et que l'univers s'engloutisse plutôt que de voir renaître ces temps malheureux où l'église de France et la société civile de ce royaume furent ensevelis dans le plus horrible chaos : d'où heureusement la main du Tout-Puissant nous délivrera en nous rendant un roi pieux qui, dès son enfance, s'est déclaré le protecteur de l'une et de l'autre.

J'étais encore enfant, disait le roi Salomon, mais je me trouvais déjà les lumières d'un âge avancé, et je sentais que je devais à ma naissance, une âme bonne et des sentimens plus élevés que ceux des autres hommes :

Puer

Puer autem eram ingeniosus, et sortitus sum   Sap, 8.
animam bonam.

Digne fils de saint Louis, qui savez si bien réunir, sous votre couronne, la terreur de vos ennemis aux délices de votre peuple fidèle, que votre respect pour la religion retrouve en nous les premiers témoins de la foi, que vos ancêtres placèrent sur le trône ; que votre zèle pour la défense de l'Eglise, qui circule dans vos veines avec votre sang, animé par nos exemples, se propose de combattre les erreurs et les nouvautés profanes qui l'ont si long-semps agitée, et soyez encore plus jaloux qu'on ne touche point aux anciennes bornes de la foi qu'à celles de votre monarchie.

En vain la France philosophe de nos jours s'est efforcée de prouver aux peuples que l'amour pour ses rois était un de ces vieux préjugés dont le progrès des lumières démontrait tout le ridicule. Envain a-t-elle voulu ébranler tous les sentimens d'attachement et de respect de la nation pour ses monarques, en cherchant à démontrer que l'antique race des chefs de l'état n'avait de puissance et de force qu'en vertu d'un pacte rendu nul à volonté.

Il y a, messieurs, dans le cœur de l'homme des mystères qui échappent à l'analise de nos sages ; leur existence est démontrée par des faits : mais pourrons-nous les soumettre aux calculs d'une orgueilleuse philosophie ? L'homme en famille n'est - il pas, sous bien des rapports, le modèle de l'homme en société ? Et le pacte qui contient les obligations réciproques du père et de ses enfans, est-il autre chose, en effet, que le pacte du monarque et de ses sujets réduit à sa plus simple expression ? Que ce pacte soit gravé dans les cœurs, qu'il soit écrit sur du parchemin, son existence ne saurait être révoquée en doute. Peut-on nier davantage toute la force que lui donnent, et la puissance de l'usage, et l'habitude de la reconnaissance, et la différence des caractères ? Les enfans sont respectueux et tendres pour leur père, en raison des bonnes qualités qu'ils doivent à la nature : par la même raison, et plus un peuple est naturellement franc et généreux, plus il doit nécessairement se montrer fidèle à son roi ; plus il doit être attaché au rejeton d'une longue suite de monarques, surtout lorsque, pendant quinze siècles, ils ont assuré sa gloire et son bonheur.

Oui, messieurs, s'il se trouve encore parmi vous quelque cœur glacé, quelque esprit faux qui prétende combattre cette assertion par des sophismes, j'en appelle à l'expérience : qu'il tache donc d'expliquer ce concert général d'acclamations qui s'élèvent d'une extrémité de la France à l'autre extrémité, et qu'il nous dise pourquoi la masse des français a célébré deux fois, par un accord d'applaudissemens unanimes le retour très-heureux de Louis XVIII dans la capitale de ses états, et aujourd'hui la naissance d'un fils de France. Mais la solution du problème, sera difficile, et quand l'esprit s'attaque au cœur il doit perdre la partie.

Prosternés humblement tous ensemble aux pieds de cet autel adorable, pour témoigner à Dieu notre reconnaissance, et à notre pieux monarque notre empressement à manifester notre joie d'un si heureux événement, sans en attendre l'ordre, immédiatement après cette messe solennelle d'actions de grâces, nous chanterons le *Te Deum*, et nous demanderons au Seigneur la conservation de cet enfant précieux, afin que la joie que nous ressentons maintenant ne soit point une joie rapide qui ne se laisse goûter qu'en fuyant : et moins encore une joie perfide qui finisse par des larmes. Nous prierons aussi pour l'auguste princesse qui a porté avec tant d'affliction, et mis si heureusement au monde la future destinée de la France.

Dites Seigneur, dites à la France entière : levez-vous Jérusalem, le Seigneur vous a fait boire dans le calice de sa colère. Maintenant livrez-vous à la joie, à une sainte allégresse, parce qu'il a consolé son peuple et qu'il l'a retiré des mains de ses ennemis ; vous avez vu la désolation et les ravages qu'ils ont porté dans le sein de votre royaume et de votre cité sainte, qui, depuis tant de siècles étaient chez les français l'objet de votre tendre amour et de votre singulière protection, que vous aviez distingués par vos grâces et les merveilles de votre puissance.

Ecoutez votre clémence. Plus puissant que vos adversaires et les nôtres, faites-leur entendre votre voix, cette voix que le néant entendit et qui en fit éclore l'univers, qui débrouilla le chaos et en fit sortir l'ordre admirable qui l'embellit et qui publie votre grandeur. Qui, des ruines de cet empire et de son ancienne église, y fera renaître un empire plus triomphant et une église plus pure par ses mœurs, et plus sainte.

Faites entendre cette voix qui brise les rochers et renverse les cèdres du Liban, qui abattra l'orgueil des hommes qui osent braver votre puissance et votre justice, qui insultent votre sagesse et votre sainteté, qui méprisent vos lois et votre culte : cette voix qui peut changer les loups affamés du sang de nos rois, en agneaux dociles, et les pierres en enfans d'Abraham.

Écoutez donc , Seigneur, la voix d'un peuple qui vous implore et qui élève vers vous des mains suppliantes. Exaucez ses priè-res, et faites couler un fleuve rapide de grâces et de bénédictions sur cette terre couverte encore de ruines et de deuil pour y ramener la paix et la joie. Détruisez-y les complots des méchans et des impies , afin qu'ils ne se rient plus de votre silence.... Retirez nos rois de l'abîme de l'humiliation et de calamités qui les ont accablés. Rappelez vos serviteurs de ce même abîme où ils ont été plongés avec eux ; rendez-leur leur liberté pour solenniser vos fêtes, leurs temples et leurs autels , et ils y chanteront les cantiques de leur délivrance et de votre gloire.

Ainsi soit-il.